SKYE

Old Man of Storr

SKYE

PHOTOGRAPHS BY
CAILEAN MACLEAN

WITH AN INTRODUCTION BY
ANGUS PETER CAMPBELL

First published in Great Britain in 2005 by

Birlinn Ltd
West Newington House
10 Newington Road
Edinburgh

www.birlinn.co.uk

ISBN10: 1 84158 351 0
ISBN13: 978 84158 351 8

British Library Cataloguing-in-Publication Data
A catalogue record for this book is available on request from the British Library

Design by Andrew Sutterby

Printed and bound by L.E.G.O, Italy

PREFACE

THE LATE PAUL STRAND produced with his camera some of the greatest artistic achievements of modern times. If 'photography' is really the word for his art then, in truth, another word should be found to describe the contents of this book. There will be those who will think that I have a good conceit of myself for even mentioning Strand's name in the context of this modest book. I would like to believe, though, that the celebrated American photographer's work has had some bearing on what appears in the following pages.

I must have been about nine years old when Strand's book, *Tìr a' Mhurain* arrived unexpectedly by international post at our house in Daliburgh, South Uist. Strand had been in Uist in 1954 and the result of his time there was published by MacGibbon & Kee in 1962. At a time when the 'Cold War' was at its frostiest it was surprising to note that *Tìr a' Mhurain* had been printed in what was then communist East Germany. But, as I recall, even as a child, that was not the only thing about the book which inspired wonder. From the outset, I was fascinated by the way he dealt photographically with very familiar scenes and people. He seemed to encapsulate the everyday, and make it important, and many have said since that that is the real achievement of his great work in Uist.

We still have Strand's book at home; sadly, only bits of its beautiful dust cover remain and its pages have suffered badly from frequent handling and mishandling over the last thirty years. (But I suppose the same applies to books as is often said of the Gaelic language – 'S 'fheàrr a cosg na ligeil leatha meirgeadh'). But *Tìr a' Mhurain* kindled my early interest in photography and is, by extension, the reason that this book is available for you to inspect.

Birlinn kindly asked me to compile photographs for this book and I am grateful particularly to Liz Short, Hugh Andrew, Jim Hutcheson and Laura Esslemont for their efforts to bring this project to fruition.

Roughly about the same time, all those years ago, that Willie Walker, the local postman, delivered our *Tìr a' Mhurain*, I would have encountered my good friend Angus Peter Campbell for the first time. We faced each other on the blasted slopes of Cairisabhal in a football tournament organised, if my memory serves me, by the saintly Fr Calum MacNeil. I don't remember ever touching the rain-sodden 'bladder' that day, but vividly recall running around on the ridiculously sloping pitch chasing shadows, one of which belonged to Angus Peter. He displayed a deftness of touch and craft on the football field. As is seen in the introduction he kindly agreed to write for this book, he has a similar facility when it comes to selecting and arranging words appropriately. I am sincerely grateful to Angus Peter.

I am also very grateful to my family, Shona, Cairistiona and Tascal, for their patience and understanding. Time with the family has been rationed over the years because of my passion for taking snaps.

Someone said that money has yet to make anyone rich. That is my perspective too. Photography and its pursuit as a recreation has doubtless cost me more than I will ever get out of it in pecuniary terms. But photography has enriched my life in so many other ways, not least through meeting folk I would not have otherwise encountered. But perhaps the greatest way in which my interest in photography has rewarded me is through encouraging me to explore parts of this fabulous country of ours. In particular, photography has taken me to tops, headlands, lochs and bays in the Isle of Skye which I might never have got round to exploring.

Cailean Maclean

INTRODUCTION

THE PHOTOGRAPHER Cailean MacLean belongs to a distinguished family – his father, Doctor Alasdair, was a much-loved physician in South Uist and was also highly instrumental in preserving and promoting the indigenous culture of that marvellous island. His brother, the famous folklorist Calum MacLean, probably did more than anyone else in helping put South Uist and Benbecula – alongside many other places – on the international folklore map through his recording of stories and songs from the indigenous people of the area. As his even more famous brother, Sorley MacLean, put it in his marvellous elegy for Calum:

> There is many a poor man in Scotland whose
> spirit and name you raised:
> you lifted the humble
> whom the age put aside.

You will already understand, therefore, that Cailean MacLean was also related to the great bàrd himself, the unmatchable Sorley MacLean who was his uncle. And Cailean also had another uncle, John, who was a distinguished headmaster in Oban and left the Gaelic world a priceless Gaelic translation of Homer's *Odyssey*

direct from the Greek original. They were all – Doctor Alasdair and his brothers Calum and Sorley and John – passionately interested in and aficionados of *piobroch*, and though Cailean (as far as I know) doesn't play the pipes he too has a great knowledge of piping. As far as I also know, Cailean doesn't make poetry and hasn't (so far anyway) translated Virgil's Latin epic, *The Aeneid*, into Gaelic, but nevertheless he is an artist and Gael of equal stature, as this book of very fine photographs demonstrate.

At least three things connect me with Cailean MacLean – we were both born and brought up in the Island of South Uist, we both now live on the Isle of Skye and we both share an interest in – and some would claim an ability in – football. Though the two of us were brought up in the south end of South Uist we went to different schools – Cailean to Lochboisdale School while I attended Garrynamonie Primary and if my memory serves me well we beat them soundly each and every time we played them! My memory, of course, may be consciously fraudulent, just to make up for the many sound defeats we probably received!

But there is absolutely nothing fraudulent about this book, which is a splendid visual celebration of the Isle of Skye in all its moods and seasons and places from the photographs taken by Cailean MacLean over the past twenty years. All the photographs are elegant and beautiful and many of them causes for pause and celebration.

In many ways of course the Isle of Skye is so beautiful that it almost photographs itself. We all have our own images or memories or myths about it, and none of us will have seen the great Cuillin in summer or winter without having made an internal register in our hearts and minds: 'an exact and serrated blue rampart, a multi-swift eagle, an affable lion, a red dragon', as the great Sorley described the mountain in his own word-pictures:

The beauty of the great island rose before me;
it rose but the bullet whizzed:
how will this love keep its hold
on the icy rock of the world?

Part of the answer to that question may lie in this book of photographs by his nephew Cailean which both enfolds and makes manifest the beauty of the great island – sea and mountains, lochs and rainbows, flowers and cottages from Minginish to Bracadale, from Trotternish in the north to Lochalsh in the south. The big things are here – the Cuillin and the Stòr and the beautiful Sounds, from the Sound of Raasay to the Sound of Sleat - but the minute things are just as beautiful and just as powerful: the dazzling flowers, the sculptural sand, the entwined seaweed.

These are photographs of colour - not just in colour, but of and about colour, ranging from the multi-coloured rainbows that visit us so frequently here on Skye to the simple vibrant colours which give primary meaning to many things, often even to abandoned things. Greens and yellows and reds and blues splashed across everything from old boats to the crotal hanging on the rocks.

The photographs here remind us that in Highland Scotland we have a stunning environment and one which, in global terms, is as important and precious as any environment in the world ranging from the Himalayas to the Coral Reefs of the Pacific. Our need to cherish that environment is evident in Cailean's photographs.

I'm no technical expert, but even a glance at these photographs will convince anyone that they are photos of great technical skill and expertise. It's not just that they are attractive and pretty - which they are - but that they are chosen. It's not just that the photographer happened by chance to be in the right place at the right time (though that happened too) but that he has a fine eye to judge that perfect moment when light and substance match up, and like every other art, that skill is far more difficult than it appears. We also have here a photographer who has learned and worked at his craft, not just technically but artistically. It's neither the lens nor the kind of film inside the camera (digital or otherwise) which makes the photograph but the eye and perception of the photographer and the Highlands of Scotland, and Skye in particular, ought to be grateful that we have with us a Gael who understands his landscape and who is gifted in sharing his vision of that landscape with us.

In this book I think Cailean is achieving that which his people were famous for - giving status and honour and an enhanced identity to the place in which he lives, and by so doing, to the people who live in and visit and view that place. He brings the Island of Skye to us, and brings us all to the Isle of Skye, and achieving that visual relationship is no mean achievement, and is part of the small miracle of art and place which the MacLeans have been good at. I leave the best words about Cailean's real and photographic island to his uncle Somhairle:

Angus Peter Campbell

O great Island, Island of my love,
many a night of them I fancied
the great ocean itself restless
agitated with love of you
as you lay on the sea,
great beautiful bird of Scotland,
your supremely beautiful wings bent
about many-nooked Loch Bracadale,
your beautiful wings prostrate on the sea
from the Wild Stallion to the Aird of Sleat,
your joyous wings spread
about Loch Snizort and the world.

Ro-ràdh Chailein

Tha mi an comain mòran airson cobhair a thoirt dhomh nuair a bha mi a' deasachadh an leabhair seo. An toiseach, bu mhath leam taing a thoirt do Bhirlinn airson smaoineachadh orm nuair a bha iad a' breathnachadh air cruinneachadh de dhealbhan dhen Eilean Sgitheanach fhoillseachadh. Cuideachd, taing mhòr do mo dheagh charaid, Aonghas Pàdraig a sgrìobh na faclan a tha an cois an leabhair, agus do Shona, Cairistìona agus Tascal nach do ghearain riamh agus mi cho tric air falbh bhon taigh a' feuchainn ri dealbhan a tharraing thall sa bhos air feadh an Eilein.

A thaobh dealbhaireachd, tha dithis eile airidh air taing – Iain Gray a bha a' fuireach san aon taigh loidsidh rium fhèin ann an Obar Dheathain, nuair a bha sinn nar n-oileanaich an sin.

Sheall Iain dhomh obair mhìorbhaileach an t-seòmair-duibh an toiseach, agus thug sin a leithid de bhuaidh orm, agus spionnadh dhomh, agus gun do cheannaich mi, airson £24, biast mhòr de chamara Ruiseanach – cha chreid mi nach e Zenit B an t-ainm a bha oirre. Se Paul Strand an duine eile a tha airidh air taing, oir bha buaidh mhòr aig a chuid obrach orm. (Tha mi a' cluinntinn dhaoine ag radha "nach e a tha ga shaoltainn fhèin a bhith a' toirt iomradh air Strand mar seo!").

Bha mi mu sheachd bliadhna a dh'aois nuair a dh'fhoillsic-headh an leabhar ainmeil aige, Tìr a' Mhurain agus, cleas mòran de theaghlaichean Uibhisteach aig an àm, fhuair sinne lethbhreac dheth tron phost. (Tha e againn fhathast, ach gun chòmhdach, agus coltas air gu robh e air a leughadh uair is uair. Tha e air a dhol a dholaidh gu ìre bhig). Shaoil mi, agus tha mi fhathast dhen aon bheachd, gu robh an dòigh anns an do ghlac e muinntir Uibhist, agus an caitheamh-beatha, leis a' chamara cho inntinneach agus cho annasach ach, aig an aon àm, cho fìor.

Nan robh comasan Strand agamsa bha mi air mo bheatha a chur seachad a' feuchainn ri atharrais a dhèanamh air a chuid dhealbhan. Mar a tha e, chan ionnan ann an cor sam bith na dealbhan agam agus an fheadhainn aig Strand. Bha alt sònraichte aig an duine mar fhear-chamara agus bha toradh na h-obrach aige dìreach eibheasach, rud nach eil na dealbhan agamsa. Ach is dòcha gu bheil rud beag bìodach de bhuaidh Strand a' nochdadh sna dealbhan a tha anns an leabhar seo. Agus ma tha luchd-leughaidh no luchd-amhairc an leabhair ag aontachadh, bhithinn-sa air leth toilichte.

Cailean MacIlleathain

Ro-ràdh Aonghais Phàdraig

Buinidh Cailean MacIlleathain do theaghlach ainmeil — bha athair, an Dotair Alasdair, na lighiche ann an Uibhist-a-Deas far an robh an sluagh air-leth measail air mar dhuine agus mar dhotair ach cuideachd mar fhear a rinn an t-uamhas airson beul-aithris is eachdraidh Uibhist a chlàradh 's a bhrosnachadh.

A-rithist, bha bràthair eile aig an Dotair Alasdair - Calum MacIlleathain - a bhios gu sìorraidh ceangailte ri Uibhist ri linn an obair mhòr a rinn e a' cruinneachadh beul-aithris na sgìreachd an dà chuid airson Coimisiun Bhéaloideas Éireann agus Sgoil Eòlais na h-Alba. Rinn Calum rud mòr dha na h-Uibhistich - agus dha na Baoghlaich 's na h-Èirisgeich 's na Barraich is gach neach eile air an do dh'fhàs e eòlach: dh'uaislich e an dualchas a bha iad a' giùlain. Mar a chuir a bhràthair Somhairle e anns an dàn:

Tha iomadh duine bochd an Albainn
Dh' an tug thu togail agus cliù:
'S ann a thog thu 'n t-iriosal
A chuir ar linn air chùl.

'S ri sin cuideachd tuigidh sibh gum buin Cailean MacIlleathain ri bàrd mòr na Gàidhlig, Somhairle MacGill-Eain,

bràthair athair, 's a-rithist bha uncail eile aige - Iain MacIlleathain - a bha na mhaighstir-sgoile cliùiteach ann an Àrd Sgoil an Òbain 's a dh'fhàg eadar-theangachadh ionmholta againn sa Ghàidhlig dhen Odyssey aig Homer. Bha iad uile fiosraichte mu eachdraidh is beul-aithris na Gàidhealtachd, agus air-leth dèidheil air pìobaireachd.

Fhad's is aithne dhomh chan e pìobaire a tha ann an Cailean, ged a tha glè dhèidheil air pìobaireachd agus eòlach air a' chuspair. Chan aithne dhomh a- bharrachd gur e bàrd a th' ann air no gun do dh'eadar-theangaich e an epic mhòr Laideann aig Virgil- An Aeneid - ach 's e fear-ealain ionmholta a th' ann na dheoghaidh sin, mar a chì sibh anns an leabhar dhealbhan seo.

Tha trì rudan co-dhiù gam cheangal-sa ri Cailean MacIlleathain (no Cailean an Dotair, mar a bhios e nam eòlas-sa gu bràth) - gun do rugadh 's gun do thogadh an dithis againn ann an ceann-a-deas Uibhist-a-Deas, gu bheil sinn a-nis a' còmhnaidh anns an Eilean Sgitheanach, agus gun robh an dithis againn gu math dèidheil agus cuimseach comasach air ball-coise! Ged a thogadh an dithis againn sa cheann-a-deas chaidh sinn gu dà dhiofar sgoil - esan gu Sgoil Loch Baghasdail, agus mise gu sgoil ainmeil Ghearradh na Mòineadh agus chan eil cuimhn' agamsa gun do chaill sinne a-riamh aon gheàm' ball-coise nan aghaidh, ged dh'fhaodadh mu chuimhne agus mo mhiann a bhi gam mhealladh!

Ach chan ann mu dheidhinn sin a tha an leabhar seo ach mu dheidhinn sùil is sealladh - cruinneachadh de chuid bheag dheth na dealbhan a tha Cailean MacIlleathain air togail air feadh an Eilean Sgitheanaich anns na fichead bliadhna a chaidh seachad. Tha na dealbhan uile brèagha agus tarraingeach agus ealanta, agus deagh chuid dhiubh drùiteach agus nan adhbhar smuain no toileachais.

Ann an dòigh, tha an t-Eilean Sgitheanach cho aithnichte 's cho eireachdail 's gu bheil e a togail a dhealbh fhèin, mar gum bitheadh. Chan eil neach againn a chunnaic An Cuiltheann air latha samhraidh air no air latha geamhraidh nach do chlàr dealbh dhen àite nar cuimhne: Am Mùr Eagarra Gorm, iolair iomaluath, leòmhann shuilbhir, beithir dheirg, mar a dhealbhaich Somhairle iad ann am briathran:

Dhiùchd dhomh bòidhche an t-sàir Eilein,
Dhiùchd ach thàinig sian a' pheileir:
Ciamar a chumas an gaol seo
Greim air creig dheighe 'n t-saoghail?

Tha pàirt dhen fhreagairt, 's dòcha, anns an leabhar seo fhèin a tha an dà chuid a' gleidheadh agus a' foillseachadh bòid-

hche an t-sair Eilein - muir is monadh, beinn is bothan, frìth is fraoch, eadar Minginis is Bràcadal, eadar Tròndairnis is Loch Aillse.

Tha na rudan mòr ann - An Cuiltheann 's An Stòrr 's na caolasan eadar Caolas Ratharsair 's Caolas Shlèite - ach tha na rudan meanbh a cheart cho bòidheach 's a cheart cho cumhachdach: na h-eòintean dathach, gainmheach na mara, feamainn na tràghad.

Tha na dathan fhèin nan fhìor ealain, eadar am bogha-frois a' còmhdachadh eilean ar gaoil, air no an t-uaine no an gorm no am buidhe air an eathar 's air an dìthein 's anns a' chrotal. Tha na dealbhan sin a' cur nar cuimhne gu bheil àrainneachd againn air Gàidhealtachd na h-Alba a tha a cheart cho maiseach 's a cheart cho prìseil ri àrainneachd sam bith san t-saoghal, ge brith an e sin na Himalayas air no Coral Reefs a' Phacific no eile.

Chan e fear-teicnigeach sam bith a th' annamsa, ach bidh e soilleir gu leòr dhuibh gu bheil sgil agus eòlas shònraichte aig Cailean ann a bhi a' togail dheilbh. Chan e dìreach gu bheil na dealbhan fhèin brèagha agus soilleir ach gu bheil iad air an taghadh, mar bu chòir - chan e dìreach gun do thachair e a bhith anns an àite cheart aig an àm cheart airson deagh dhealbh fhaighinn, ach gu bheil fìor dheagh shùil aige airson an coluadar eadar solas is susbaint fhaicinn anns a' bhad. Agus coltach ri gach ealain eile, tha an sgil sin fada nas duilghe na tha e a' coimhead - tha agaibh cuideachd an-seo fear a tha air obrachadh air a' dhreuchd, agus a tha air na feartan mòra a tha an lùib dealbhaidearachd ionnsachadh gu math. Chan e na leansaichean 's an seòrsa fiolm a tha am broinn a chamara (ged a tha sin a-nis air a dhol digiteach) a tha dèanamh na deilbh ach an t-sùil 's a' chorrag a thog an sealladh sa chiad àite, agus dh'fhaodadh sinn uile a bhith toilichte agus taingeil gu bheil Gàidheal leithid Chailein nar measg aig a bheil an sàr chomas sin.

Anns an leabhar seo, saoilidh mi gu bheil Cailean a' dèanamh an rud uasal sin a' rinn a dhaoine roimhe - gu bheil a' toirt urram is cliù is inbhe dhan àite sa bheil e a' fuireach, agus mar sin dhan fheadhainn a tha a' fuireach ann. Tha e a' toirt an Eilean Sgitheanaich thugainn, agus ga ar toirt uile dhan Eilean Sgitheanach, agus cha bheag am pòsadh sin, mar a thubhairt a uncail, Somhairle:

Aonghas Phàdraig Caimbeul

O Eilein mhòir, Eilein mo ghaoil,
is iomadh oidhche dhiubh a shaoil
liom an cuan mòr fhèin bhith luasgan
le do ghaol-sa air a bhuaireadh
is tu 'nad laighe air an fhairge,
eòin mhòir sgiamhaich na h-Albann,
do sgiathan àlainn air an lùbadh
mu Loch Bhràcadail ioma-chùilteach,
do sgiathan bòidheach ri muir sleuchdte
bho 'n Èist Fhiadhaich gu Àird Shlèite,
do sgiathan aoibhneach air an sgaoileadh
mu Loch Shnigheasort 's mu 'n t-saoghal!

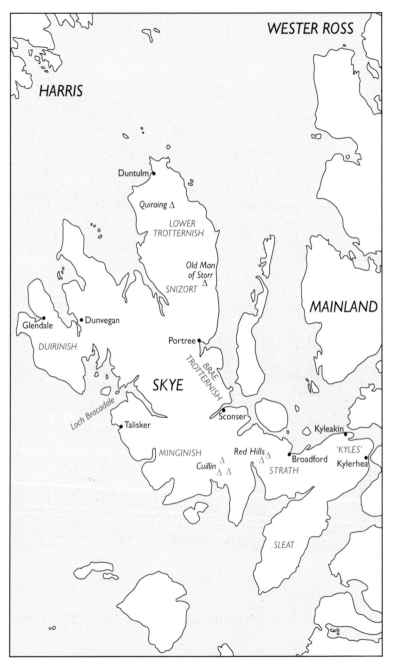

Duisdalebeag, Sleat looking across to Camus Cross and Knoydart beyond

Knock Bay

Aird of Sleat and Isle of Canna in distance

Patterns in sand, Tarskavaig, Sleat

Dùn Sgathaich, Sleat with the Cuillin in distance

Tarskavaig, Sleat with Cuillin beyond

Fallen leaves, Sleat

Blaven from Ord, Sleat

Tarskavaig Bay with Rum in Background

Ardnish, Strath

Elgol and the Cuillin from the road to Glasnakille

Loch Cill Chriosd with Blaven beyond

Rusty corrugated iron roof, Glasnakille

14 Cuillin, Loch Scavaig and Camusunary from Elgol

Beinn na Caillich

Blaven from Torrin

Shore at Elgol with Garsbheinn in background

Torrin and Blaven in background

Limestone topography

Loch Slapin and Blaven

Stormy day at Elgol looking towards Sgurr na Stri

Sea weathered rocks

Fence, 12th January 2005

Loch nan Dùbhrachan, Sleat

Camusunary and Blaven from shore of Loch Scavaig

Cuillin from Elgol

Limestone topography 2

Boreraig with Rum in distance

Fernilea

Talisker Distillery with Cnoc an t-Sithein and Bràigh Coille na Droighnich across Loch Harport

Shed, Minginish

Cuillin from Allt Dearg, Sligachan

Old cultivation strips ("Lazy beds"), Drynoch

Burn in spate, Glen Brittle

Talisker Bay

Late evening light on sand at Talisker

Loch Bharcasaig, Orbost

Dunvegan Head and Ardmore from Trumpan in Waternish

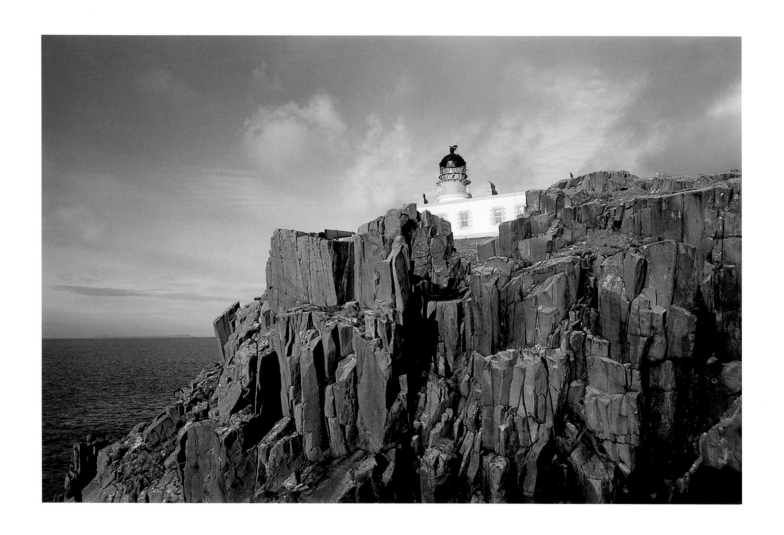

Neist, the most north-westerly point on Skye

Sunset through trees at Dunvegan

From Roag looking across Loch Bracadale to the Cuillin

MacLeod's Maidens, off Idrigill

Loch Cuithir and Sgurr a' Mhadaidh Ruaidh

Stenscholl, Lower Trotternish

Cloudscape above Eyre in Trotternish

Waterfall on River Lealt in Trotternish

Church, Uig

Boats at Camus Mòr, Kilmuir

Old Man of Storr in the mist

Holm

The Quirang and Dùn Mòr

Shore at Holm and Holm island

Creag an Fhèilidh (Kilt Rock)

Old Man of Storr

Quirang, Lower Trotternish

Old Man of Storr silhouetted

Captain Fraser's folly, Uig

Cleat and the Trotternish Ridge looking south from the Quirang

Wild flowers, Trotternish

Caisteal Eoghainn and Baile nan Cnoc, Glen Uig

Staffin Bay from Glasphein

Eyre, Loch Snizort Beag looking west

Loch Fada and the Storr in distance

Beinn Chracaig and Storr in background from south shore of Loch Portree

Looking north along east coast of Trotternish from Beinn Thianabhaig

Beinn Thianabhaig from Ollach, Braes

Scots Pines on Meall na h-Acarsaid

Winter's morning on Loch Portree

Loch Portree from Glen Varragill

Loch Portree looking south towards the Cuillin

Fishermen in Loch Portree

Skerinish, Loch Snizort with Beinn a' Chearcaill in background

Bog cotton, Bernisdale

Aird Bheàrnasdail and Loch Snizort

Loch Snizort sunset

Lyndale and Loch Greshornish

Oyster-catcher eggs

Tascal Maclean

Ruin and rowan, Bernisdale

Grave Slab, Eilean Chaluim Chille, Snizort

Fungus on rotting tree, Treaslane

Sòrn Choir' Fhìnn, Kensalyre

Good drying

Western Sky

Winter dawn, Aird Bheàrnasdai

Web site, Snizort

Gable end, Luib, Loch Ainort

Glamaig

Clouds over Glamaig, Beinn Dearg Mhòr and Beinn Dearg Mheadhonach

Belig and Garbh Bheinn and Abhainn Ceann Loch Ainort (Kinlochainort river)

The Cuillin across Loch Scavaig

Coire Uaigneach and Blaven

Winter climbing on Beinn Dearg Mhòr

Ancient canal, Rubh' an Dùnain

Marsco and Garbh Bheinn looking north from Blaven

The Cuillin, Ruadh Stac and Marsco from Blaven

Sgurr na Stri and Loch Coruisk

Loch Coruisk and the Cuillin from Sgurr na Stri

Small Isles and Soay from Blaven

On the Cuillin Ridge

Gesto Farm with Loch Harport and Cuillin in distance

Wild flowers, Bracadale

Water lilies

Gleann na Bèiste, Kyleakin

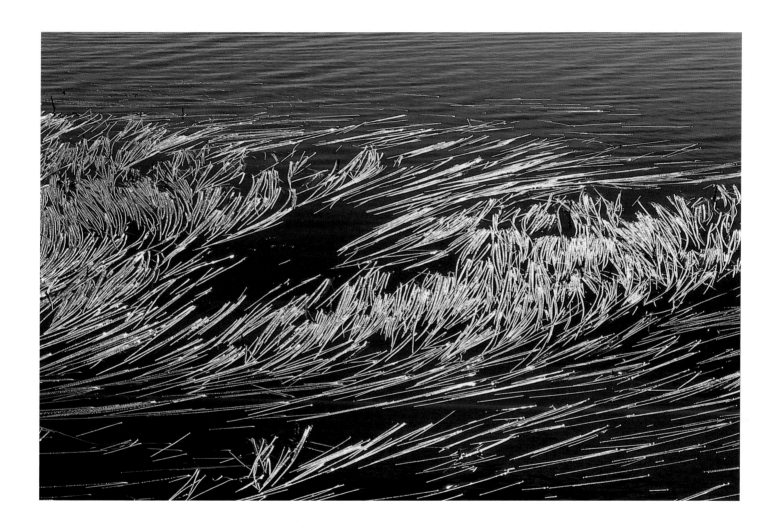

Patterns in loch

Bog cotton (Canach)

Skye Bridge from the Plock of Kyle

Shells

An Caol Mòr between Scalpay and Raasay with Skye hills in the background from near Creag Ghorm, Applecross

Wild Flowers

Kyleakin from the Skye Bridge

Skye hills with Rum in far distance from Applecross peninsula

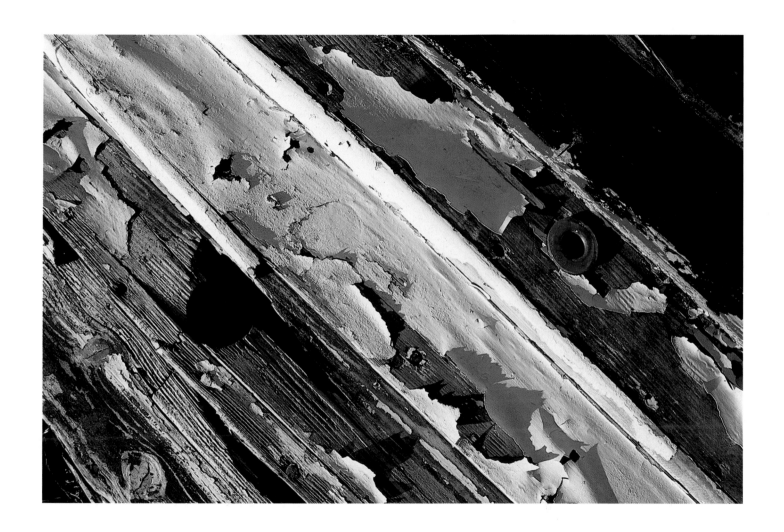

Weathered paintwork on abandoned boat

Blaven and Sgurr nan Each across Loch Slapin